Bibliografische Information der Deutschen Nationalbibliothek:

Die Deutsche Bibliothek verzeichnet diese Publikation in der Deutschen National-
bibliografie; detaillierte bibliografische Daten sind im Internet über http://dnb.d-
nb.de/ abrufbar.

Impressum:

Copyright © 2018 GRIN Verlag
Druck und Bindung: Books on Demand GmbH, Norderstedt Germany
ISBN: 9783346172969

Dieses Buch bei GRIN:

https://www.grin.com/document/540447

Christina Nagy

"Sine coniuge caelebs" und "Let a Woman in Your Life". Ovid's Pygmalion-Metamorphose und "My Fair Lady" im Vergleich

GRIN Verlag

GRIN - Your knowledge has value

Der GRIN Verlag publiziert seit 1998 wissenschaftliche Arbeiten von Studenten, Hochschullehrern und anderen Akademikern als eBook und gedrucktes Buch. Die Verlagswebsite www.grin.com ist die ideale Plattform zur Veröffentlichung von Hausarbeiten, Abschlussarbeiten, wissenschaftlichen Aufsätzen, Dissertationen und Fachbüchern.

Besuchen Sie uns im Internet:

http://www.grin.com/

http://www.facebook.com/grincom

http://www.twitter.com/grin_com

Sine coniuge caelebs

=

Let a woman in your life?

Ein Vergleich zwischen Ovids Pygmalion Metamorphose und dem Musical My Fair Lady

Christina Nagy, Eingereicht zum
Certamen Carolinum 2018, Aachen
Landesschülerwettbewerb Alte Sprachen NRW[*1]

---

[1] *Auf der Grundlage der vorliegenden Arbeit hat die Verfasserin den „Sonderpreis als Jahrgangsbeste der Jahrgangsstufe Q1" und den Preis von „Pro Lingua Latina" beim Certamen Carolinum 2018 gewonnen.*

Inhaltsverzeichnis

1. Einleitung

„Sine coniuge caelebs" hat Pygmalion in den Metamorphosen des Ovidius gelebt. Der begabte Künstler hat "Ohne Gemahlin, allein" ein Leben geführt, weil er von der Unsittlichkeit der Propoetiden abgeschreckt wurde.

Professor Higgins war auch in dem Werk „Pygmalion" von Bernard Shaw unverheiratet, aus dem das Musical „My Fair Lady" entstanden ist. Der Professor zeigt ein erschreckendes Bild darüber, wenn jemand „eine Frau in seinem Leben lässt". Beide Junggesellen lieben nur ihre Arbeit über alles. Jedoch erleben sie am Ende der Werke eine große *Metamorphose*, wonach sie nicht mehr ohne Frau leben können. Diese Metamorphose möchte ich im Folgenden unter die Lupe nehmen.

Das Wort *Metamorphose* stammt von dem griechischen *meta* = um und *morphose* = gestalten, verwandeln. In der griechischen Mythologie ist Morpheus der Gott der Träume. Er gilt als Traumdämon und hat die Fähigkeit, sich in ein beliebiges menschliches Lebewesen zu verwandeln und den Menschen im Traum zu erscheinen (vgl. Wikia, 2013) (vgl. Aberger, 2018) (Abb. 3). „Im Glauben der Griechen gab es Vorstellung, dass Götter, aber auch zauberkundige Menschen sich oder andere Menschen verwandeln könnten. Metamorphosen waren ein beliebter Gegenstand der hellenistischen Dichtung. In ihrer Nachfolge stand Ovid mit seinen Metamorphosen libri" (Bücher der Verwandlungen) (Irmscher, 2013, S. 372). Diese „Bibel der Antike" war Ovids bedeutendstes Werk, das das kulturelle Gedächtnis der Nachwelt tief geprägt hat.

Ovid zählt in der römischen Literaturgeschichte neben Horaz und Vergil zu den drei großen Poeten der klassischen Epoche.

2. Ovid: Pygmalion

2.1. Leben und Werke Ovids

Publius Ovidius Naso wurde am 20. März 43 v. Chr. in Sulmo geboren. Er wuchs in der Sicherheit der Pax Augusta auf. Er war der Spross einer wohlhabenden Familie aus dem Ritterstand. Sein Vater hat ihm eine hervorragende Bildung möglich gemacht. Unter Anderem hat er einen „Studienaufenthalt" in Griechenland ermöglicht. Seine Beamtenlaufbahn gab er früh auf, um Dichter zu werden. Sein Kunstpatron Marcus Valerius Messalla Corvinus förderte ihn. Ovid schrieb in der Frühphase Liebesgeschichten, in der mittleren Phase die Metamorphosen, in denen alte Sagen reich ausgeschmückt neu erzählt werden, und in der Spätphase Klagelieder. Im Jahr 8. n.Chr. hat ihn Augustus nach Tomis verbannt, und er durfte nie mehr nach Rom zurückkehren. Ovid gibt selbst an, dass die Ursachen für seine Verbannung „carmen et error" („Gedicht und Verfehlung") seien. Der wirkliche Grund ist bis heute noch unklar. Der unglückliche Poet starb im Jahr 17 n.Chr. in der Verbannung (vgl. Wikipedia, Ovid, 2018).

Noch vor der Verbannung hat er die Metamorphosen beendet. In seiner Verzweiflung hat er das Werk vernichtet. Dank seiner Freunde wurden Kopien gerettet für die Nachwelt. „Für das Bild, das man sich von der antiken Religion machte, war lange Zeit Ovids Gestaltung des Mythos bestimmend, die Loslösung der Mythen von ihrer kultischen Verankerung, ihre psychologische

Durchdringung und die Akzentuierung ihrer menschlichen Aspekte [...]" (Ovidius, 2010, S. 1008). Die Metamorphosen sind ein mythologisches Epos in 15 Büchern. Etwa 700 bis 900 Verse beschreiben die Entstehung und Geschichten der Welt in den Begriffen der römischen und griechischen Mythologie. Dabei wurden etwa 250 Sagen verarbeitet. (vgl. Wikipedia, Ovid, 2018)

Im zehnten Buch wird das Leben des Orpheus beschrieben. Orpheus war ein großer Sänger, der seine Frau Eurydike kurz nach der Heirat wegen eines Schlangenbisses verloren hatte. Er singt so herzzerreißend, dass die Götter ihm erlauben, seine Frau aus der Unterwelt zurückzuholen. Aber nur unter der Bedingung, dass er sich kein einziges Mal zu ihr umschaut. Sie folgt ihm, doch er dreht sich um, zur Vergewisserung, dass sie ihm folge. Daraufhin sinkt sie zurück in die Unterwelt und Orpheus verliert sie zum zweiten Mal - für immer. Der Sänger ist untröstlich. (vgl. Fächerprojekte, 2017)

Nach langer Zeit singt er wieder schmerzliche Lieder, u.a. „über göttergeliebten Knaben und Mädchen, die böser Leidenschaft verfallen sind" (X, V. 143-739). Eine Geschichte spielt auf Zypern und handelt von den Cerasten und Propoetiden, die so sehr die Venus beleidigen, dass sie die Cerasten zu grimmigen Stieren werden lässt und die Propoetiden zur Prostitution zwingt und sie dann in Steine verwandelt. (vgl. Fächerprojekte, 2017)

Auf diese Verwandlung folgt der Pygmalion-Mythos (V. 243-297). Über das zügellose Verhalten der Propoetus-Töchter entsetzt, lebt er lange zurückgezogen und schafft sich in seiner Notlage eine elfenbeinerne Statue, wahrscheinlich eine Votivgabe (vgl. Wikipedia, Votivgabe, 2017), in die er sich verliebt.

> Schon die Kulturen der Vorgeschichte und des Altertums kannten den Brauch, dass Votivgaben oder Votive (ex voto, „wegen eines Gelübdes", von votum „Gelübde") als symbolische Opfer einer überirdischen Macht (Gott, oder Göttin) öffentlich dargebracht werden. In diesem Sinne könnte sie Bitt- oder Dankopfer sein. Dies geschieht insbesondere für die erfolgte oder gewünschte Rettung aus einer Notlage und häufig an einer kultischen Stätte. Die vielen Kouros (Jüngling) und Kore (Mädchen) Statuen, die in den antiken Kultstätten gefunden wurden, erfüllten diese Aufgaben. (vgl. Wikipedia, Votivgabe, 2017) (Abb. 4 und 5)

Mit tiefer Andacht fleht Pygmalion Venus auch - im Sinne des alten Gebrauchs - an, ein Geschöpf lebendig zu machen.

2.2. Übersetzung des Mythos

Meine Übersetzung der Metamorphose (Ovidius, 2010, S. 538 ff) des Pygmalion lautet wie folgt:

> Weil Pygmalion gesehen hatte, dass diese (Propoetiden) ein Leben in Schande führten, führte er, von den Fehlern angegriffen, die die Natur viel dem Gemüt der Frauen gab, ledig und ohne Gemahlin und er entbehrte lange die Gemeinschaft im Ehebett.

Inzwischen bearbeitete er glücklich mit bewundernswerter Geschicklichkeit das schneeweiße Elfenbein und gab ihr eine Gestalt, die keine geborene Frau haben kann und er verliebte sich in sein Werk.

Das Aussehen ist einer wahren Jungfrau ähnlich, und du glaubest, sie lebe und wenn nicht die Achtung entgegenstehe, wolle sie sich bewegen". So sehr ist im Kunstwerk seine Kunst verborgen. Pygmalion bewundert es und seine Brust schöpft Flammen aus dem scheinbaren Körper heraus.

Oft führt er prüfend seine Hände an das Geschöpf heran und er will noch nicht bekennen, ob es ein Körper sei oder ob es noch immer Elfenbein ist.

Er gibt Küsse und glaubt, dass sie erwidert werden und er spricht mit ihr und er hält sie und er glaubt, dass, nachdem er sie berühre, die Finger eindringen und er befürchtet, dass nicht blaue Flecken an den gedrückten Gliedern entstehe und bald wendet er Schmeichelei an, bald bringt er Gaben, die das Mädchen erfreuen, Meermuscheln, geschliffene Steinchen, kleine Vögel und Blumen in tausend Farben, Lilien und bunte Bälle und vom Baum der Heliaden getropfte Tränen, er schmückt auch die Glieder mit Gewändern, er gibt den Fingern Siegelringe, er gibt dem Hals lange Ketten, am Ohr hängen zierliche Perlen, an der Brust Geschmeide, alles steht ihr; aber auch nackt scheint sie nicht weniger schön. Er legt jene auf Decken, die mit sidonischem Purpur gefärbt sind und er nennt sie Gefährtin des Lagers und legt ihren geneigten Nacken auf weichen Flaum ab, als ob sie es fühlen würde.

Der Festtag der Venus, den ganz Zypern festlich begeht, war gekommen und schon waren die krummen Hörner mit Gold überzogen und die Opferkühe stürzten, mit einem Beil in den schneeweißen Nacken geschlagen, nieder und Weihrauch stieg empor, als Pygmalion, nachdem er der heiligen Pflicht Genüge getan hatte, bei dem Altar stehen blieb und mit Furcht sagte: „Ihr Götter, wenn ihr alles geben könnt, dann sei meine Gemahlin, wünsche ich", er wagte nicht zu sagen „die Elfenbeinjungfrau", sondern er sagte „meinem Mädchen aus Elfenbein ähnlich."

Die goldene Venus fühlte, da sie ja selbst bei ihrem Fest zugegen war, was er mit jenem Wunsch wollte und zum Zeichen der wohlgesinnten Gottheit flackerte die Flamme dreimal und durch die Luft stieg sie empor.

Als er zurückkehrte, suchte jener das Bildnis seines Mädchens auf und er neigte sich auf das Bett und küsste sie: ihm schien es, als sei sie warm; er naht wieder seinen Mund, auch mit den Händen betastet er die Brust.

Nachdem er getastet hatte, wurde das Elfenbein weich und es verliert seine Starrheit, weicht zurück und gibt den Fingern nach, wie Wachs vom Hymettos an der Sonne erweicht wird und sich durch das Kneten des Daumens in viele Gestalten formen lässt und durch den Künstler selbst es brauchbar gemacht wird.

Während er staunt und sich zögernd freut und eine Täuschung befürchtet, berührt der Liebende die Erwünschte wieder und wieder und zieht seine Hand zurück.

Es war ein Leib! Während die Daumen fühlen, pochen die Adern.

Dann fasst der paphische Heros wahrlich zahlreiche Worte zusammen, die Venus danken und er presst endlich seinen Mund auf nicht falsche Lippen und die Jungfrau fühlt die Küsse, die er gibt und sie errötet und scheu zum Licht die Augen wendend, erblickt sie den Liebenden zusammen mit dem Himmel.

Dem Bund, den sie erzielt hat, steht die Göttin bei, und als sich die Hörner des Mondes neunmal zur ganzen Scheibe gerundet hatten, brachte jene Paphos zur Welt, von welcher die Insel den Namen hat.

2.3. Verhalten Pygmalions

Anhand der Stilmittel im Ovid-Text folgt nun eine Charakterisierung des Pygmalion.

Der Text fängt damit an, dass Pygmalion ohne Frau lebt, was u.a. mit der Alliteration „Quas quia" begründet wird (V. 243). Er ist nämlich von dem Verhalten der Propoetiden abgeschreckt, welches er mit den Fehlern, die die Natur dem Gemüt der Frauen gegeben hat, rechtfertigt: „vittii, quae plurima menti feminae natura dedit" (V. 245). Er verhält sich daher egoistisch, zurückgezogen und einzelgängerisch. Dennoch hat er ein Ideal in seinem Kopf, wie eine schöne Frau für ihn aussehen könnte und schafft sich nach diesem ein eigenes Kunstwerk. Ovid verwendet in seinem Mythos zahlreiche Enjambements (Zeilensprünge), (vgl. V. 243-246 und 291-294), die dazu beitragen, dass der Text fließender wirkt. Außerdem werden viele Alliterationen vom Dichter benutzt, um bestimmte Wortgruppen ins Zentrum zu stellen. Beispiele dafür sind „coniuge caelebs" (vgl. V. 245), „consorte carebat" (V. 246), „ad aras" (V. 273) und „lumina lumen" (V. 293).

Dass Pygmalion alleine lebt und lange die Gemeinschaft im Ehebett entbehrt, wird durch das Hyperbaton mit diu deutlich, (V. 245 f.): „thalamique diu consorte carebat". Ovid benutzt Hyperbata allgemein oft, um die vorangestellten Wörter in den Vordergrund zu platzieren. Doch die Hyperbata zeigen auch die Ungeduld des Schöpfers und dass er innerlich erregt ist. Eine weitere Funktion dieser Stilmittel ist, dass sie ausdrücken wenn etwas häufig passiert (vgl. V. 289) bzw. wenn etwas langer anhält (V. 247). Die Ehelosigkeit Pygmalions beschreibt Ovid auch durch die Synonymenhäufung in V. 245: „sine coniuge caelebs vivebat".

Jedoch scheint er sich auch nach Frauen zu sehnen, weil er eine nach seiner Vorstellung aus Elfenbein erschafft.

Auch ist er ein begabter, großartiger und gründlicher Künstler, was man an der Sperrung mit feliciter (V. 247) erkennen kann: „mira feliciter arte sculpsit". Weiterhin ist er so talentiert, dass er eine Skulptur nach seinen Träumen erschaffen kann, so dass er sich in sie verliebt. Auch die Verwandlung des Opus wird im Text bereits durch einen Passiv-Infinitiv „moveri" (V. 251) und das Wort „nasci", (V. 251), das die Geburt der Frau ausdrückt, beschrieben.

Ovid verwendet hierbei eine Alliteration des Buchstabens „V", um das Geschehen in der Metamorphose stärker zu betonen: „virginis" (V. 250): eines Mädchens, wird hier über „verae" (eines echten Mädchens) über „vivere" im Sinne von scheinbarer Lebendigkeit zu „velle moveri", dem eigenen Wunsch danach, sich zu bewegen, fortgeführt und die Steigerung der Vorstellungen hervorgehoben.

Pygmalion ist ebenso begeistert von seinem Kunstwerk, hingerissen und berauscht davon, wie der Satz „Ars adeo latet arte sua" (V. 252) beweist, der die wundervolle Schöpfung von ihm verdeutlicht. Das Wort "ars", das hier den Ablativ „arte" aufhebt, stellt auch ein Polyptoton dar, wo aus dem Kunstwerk ein neuer menschlicher Körper durch seine Perfektion entsteht. Die Begierde und das Verlangen Pygmalions zeigt die Metapher „ignes" (V. 253).

Schließlich werden seine Gefühle stärker und sein Kunstwerk hält er für die Realität, was durch die Anapher „an sit corpus an illud ebur" (V. 245 f.) verdeutlicht wird.

Doch dann wird die Schwärmerei, Entflammung und Hinreißung des Künstlers zur Begierde des Meisterwerks. Er denkt, die Elfenbeinstatue sei ein lebendiges Mädchen und küsst sie, spricht sie an, umarmt sie, und hält sie. Das stellt Ovid durch ein Polysyndeton dar: „oscula dat... et credit... et metuit... et modo blanditias..." (V. 257 ff.). Er glaubt auch, sie würde ihm etwas erwidern, wie in V. 256 beschrieben: „reddique putat". Die Polysyndeta machen die Wörter noch bedeutsamer und durch ihre Wirkung als Aufzählung beschreiben sie eine fortlaufende Handlung.

Eine weitere Verhaltensweise des Schöpfers der Elfenbeinstatue ist seine Fürsorglichkeit, seine Sorgsamkeit, Umsichtigkeit. Das stellt die m-Alliteration in V. 257 f. dar: „membris et metuit. Der Künstler glaubt, dass sein Werk bereits ein Mensch sei, weshalb er hingebungsvoll und schonend mit ihr umgeht.

Doch dann fängt bereits die Verwandlung des Pygmalion an, indem er anfängt, ganz seine Abneigung und Antipathie gegenüber Frauen zu verlieren, denn er fängt an, sein Kunstwerk mit vielen Gaben zu beschenken. Ovid benutzt hier ein Polysyndeton, um die Menge der Geschenke aufzuzählen.

(vgl. V. 260 ff.): „fert illi conchas...lapillos...parvas volucres...flores...liliaque...Heliadum lacrimas...". Er schenkt ihr Meermuscheln, kleine Vögel, Lilien, Bernstein, usw.

Dann entflammt er noch mehr in Begierde und tiefer Liebe zu seinem Werk, das auch nackt ohne die von ihm daraufgelegten prächtigen Gewänder schön zu betrachten ist. Das kann man an dem Vers 266 erkennen. Die unübertreffliche Pracht des Kunstwerks kann man dort am Wort „formosa", das noch stärker ist als „pulchra", sehen.

Weiterhin ist Pygmalion auch gottesfürchtig und unterwürfig, denn er bittet, nachdem er keine Abneigung mehr gegen Frauen hat, Venus, die Liebes- und Schönheitsgöttin, dass sie in das Geschehen eingreifen und seine Statue zum Leben erwachen lassen soll. Er bringt auch den Göttern andächtig und ehrfürchtig Opfergaben dar, wie junge Kühe, und spricht sie alle an und äußert seinen Wunsch (vgl. V. 274: „si di dare cuncta potestis"). Der reservierte und bescheidene, zurückhaltende Charakter des Künstlers wird deutlich, als er nicht das Wort „Elfenbeinjungfrau" den Göttern gegenüber erwähnt, sondern nur bittet, sie solle dieser ähnlich sein. Dies zeigt auch seine eigene Scheu, über seine außergewöhnliche, seltsame und sonderbare Zuneigung zum Elfenbeinkunstwerk zu sprechen.

Darauf versteht Venus seinen Wunsch und gibt ein positives Omen, das dreifache Entfachen der Flamme, verdeutlicht durch die dreifache Alliteration in V. 279: „ter accensa est apicemque per aera".

Darauffolgend kann der Schöpfer seine Leidenschaft nicht mehr aufhalten und das ihn überkommende Verlangen zeigt Ovid durch das Trikolon in V. 280 ff.: („rediit- petit- dedit"). Er küsst und umarmt die Elfenbeinjungfrau voller Erwartung und sie erwacht, sichtbar an einem weiteren Trikolon in V. 283 f.: („mollescit- subsidit- cedit"). Das Erwachen wird bei Ovid mit dem Schmelzen des Wachses vom Hymettos verglichen. Während aus dem Werk ein Mensch wird, staunt Pygmalion und ist verunsichert, sichtbar an vielen a- bzw. u-Lauten.

Schließlich erwacht der Leib des Mädchens völlig (vgl. V. 289: „corpus erat") und die Metamorphose des Künstlers und seines Werks ist völlig beendet, gekennzeichnet durch das Imperfekt. Pygmalion fühlt die pochenden Adern seiner Angebeteten und ist sich nun sicher, dass seine Liebste lebt. Er küsst nun nicht mehr falsche Lippen, verdeutlicht am Polyptoton: „ora...ore" in V. 291 ff. Er empfindet nur noch Liebe und Verlangen gegenüber Frauen, im Besonderen gegenüber der Jungfrau und seine frühere Antipathie gegenüber dem weiblichen Geschlecht hat er abgelegt. Er ist nun völlig verwandelt.

2.4. Metamorphose in der Kunstgeschichte

Die Kunstgeschichte kennt diesen Augenblick der Metamorphose, in dem die eine Statue „lebendig" geworden ist. „In den Jahren um 500 v. Chr. erfolgte in der Kunst Griechenlands und [...] der Athens ein wesentlicher Wandel, geradezu eine Revolution, die von der gewundenen archaischen Welt hinführte zur frühklassischen Kunst. Man erkennt dies sofort, wenn man einen archaischen Kouros (Jüngling) der Zeit um 530/520 (Abb. 4) [...] mit der ganz andersartigen Statue des Kritios-Knaben (Abb. 6) vergleicht, die im Perserschutt der Akropolis gefunden wurde.[...] Während der Kouros in charakteristischer Weise starr und steif steht, [...] bringt der Kritios-Knabe etwas ganz Neues: die Poderation, die Gewichtung in der Wiedergabe des menschlichen Körpers. Stand- und Spielbein sind jetzt unterschieden. Sein linkes Bein ist das Standbein, sein rechtes Spielbein ist nach vorn gesetzt. Der Kopf wird leicht im Hals bewegt, und es ist tatsächlich so, dass jetzt die Figuren zu leben und zu atmen beginnen und von sich aus handeln können." (Fuchs, 1987, S. 5)

Ebenso wie der Kritios-Knabe, der ein wundervolles Werk antiker Schöpfung ist und aufgrund seiner Perfektheit fast zum Leben erwachen könnte, ist auch die Metamorphose der „eburnea virgo", die aufgrund ihrer Vollkommenheit zum Leben erwacht, ähnlich. Auch der Schöpfer selber wird durch sein wundervolles Werk verwandelt, denn Pygmalion verliert seine Abneigung gegenüber Frauen, als sein über alle Maßen gelungenes Werk, das so perfekt ist, dass er es liebt, lebendig wird.

2.5. Einfluss von Ovids Pygmalion auf die spätere Kunst und Literatur

„Ovid hat den Mythos auch für spätere Epochen leicht assimilierbar und übertragbar gemacht." (Ovidius, 2010, S. 1008) Ein bekanntes Beispiel ist die Komödie „Pygmalion" von George Bernard Shaw. Seine Uraufführung fand 1913 im Wiener Burgtheater statt und wurde sehr populär. Dieses Werk wurde die Grundlage für das Musical „My Fair Lady" von Frederick Loewe und Alan Jay Lerner (Wikipedia, My Fair Lady, 2017).

3. My Fair Lady – der Film

3.1. Handlung in „My Fair Lady"

Die Handlung des Musicals lautet wie folgt (Cukor, 1964): Henry Higgins, ein bekannter Philologe und Phonetiker, trifft Eliza Doolittle auf dem Blumenmarkt im Covent Garden in London. Sie spricht sehr vulgär und er nimmt dies als Beispiel für den Sprachverfall der Gesellschaft. Higgins meint jedoch, sie könne im Stande aufsteigen und zu einer Dame werden, wenn Eliza ihr Englisch verbessere. Denn nach seiner Ansicht definiere sich der Mensch über seine Sprache. Als Eliza diesen Vorschlag annimmt, und zu Higgins kommt, um Sprachunterrichtstunden bei ihm zu nehmen, wettet Oberst Pickering mit dem Professor, dass wenn Eliza innerhalb eines halben Jahres zur Dame würde, Pickering die Ausbildungskosten übernehmen würde. Die Wette nimmt Higgins an und Elizas Ausbildungszeit bei dem Junggesellen fängt an. Die Ausbildung ist für Eliza anstrengend und während sie den ganzen Tag sprechen übt, wird sie grob und abwertend von Higgins behandelt. Schließlich verbessert Eliza ihre Sprache und ist außer sich über ihren ersten Erfolg, als es ihr gelingt, „g" statt „j", „ei" statt „e" und „ü" statt „i" zu sagen. Zuerst wird sie beim Ascoter Pferderennen getestet, wo sie in der feinen Gesellschaft nur über das Wetter und die Gesundheit sprechen darf, ihr aber einige Lappalien unterlaufen. Dennoch scheint sie das Herz des jungen Freddy Eynsford-Hill für sich gewonnen zu haben, der anschließend immer vor ihrem Haus auf sie wartet und ihr Liebesbriefe schreibt. (vgl. Wikipedia, My Fair Lady, 2017) (vgl. Wikipedia, My Fair Lady (Film), 2018)

Abschließend findet Elizas „Abschlusstest" im Buckingham Palace auf dem Diplomatenball statt, wo sie brilliert und selbst mit dem transsilvanischen Prinzen tanzt. Niemand erkennt, dass sie keine Adlige ist, denn jeder ist angetan von ihrer außergewöhnlichen Anmut.

Als Higgins und Pickering am Abend zurückkehren, feiern sie ihren Triumph, doch niemand gratuliert Eliza, die eigentlich für ihren Erfolg zuständig war. Sie sagt Higgins, wie missachtet, vernachlässigt und erniedrigt sie sich fühle, doch dieser zeigt kein Verständnis, und darauf verlässt Eliza noch in derselben Nacht sein Haus. Sie hat kurz vor, Phonetik Lehrerin und Freddys Frau zu werden. Doch als sie im Londoner Viertel, wo sie früher lebte, nicht mehr erkannt wird und zu fein für eine Blumenverkäuferin ist, kehrt sie zu Higgins, der sie mittlerweile auch vermisst, zurück.

Zum Schluss vermisst der Professor Eliza, jedoch bleibt offen, ob und wie der Professor seine Zukunft mit Eliza verbringen wird. (vgl. Wikipedia, My Fair Lady (Film), 2018)

3.2. Definition Musical

Nun möchte ich das Musical definieren, wie sich ein Kongress darüber einigte: „Ein Musical ist eine Theaterproduktion, die aus Live-Darbietungen in den Bereichen Schauspiel, Tanz, Gesang und Musik besteht." (Tanz_und_Theater, 2017) Ein Librettist, der das Drehbuch schreibt, sollte folgende Regeln berücksichtigen: „Ein Musical verlangt nach Gefühl, Spannung, Liebesbeziehung, glaubwürdige Menschen, Charakteren, ablenkenden, doch den Ablauf stützenden Nebenhandlungen, Detailgenauigkeit, Humor." (Piersig, 2009)

Wo ist also der Zusammenhang zwischen dem Musical und dem Mythos des Pygmalion?

Pygmalion, der Schöpfer, schafft sich eine künstliche Frau nach seinen Idealvorstellungen, im Musical schafft sich der Phonetik Professor eine neue Persönlichkeit durch Veränderung der Sprache, so wie er sie sich vorstellt. Die Werke beider Künstler sind so perfekt und wundervoll, dass sie in Liebe zu ihrer Schöpfung entflammen und es nicht mehr entbehren können.

3.3. Charakterisierung Higgins

Nun folgt die Beschreibung des Charakters von Professor Henry Higgins und die Darstellung seiner Entwicklung im Musical.

Professor Higgins lebt anfangs, wie Pygmalion, alleine und entbehrt die eheliche Gemeinschaft. Er ist auch alleinstehend. Er charakterisiert sich selbst und führt verschiedene Gründe, warum er nie eine Frau in seinem Leben lassen wird, an in seinem Song „I`m an ordinary man" (Lerner & Loewe, I'm an Ordinary Man, 2018).

Higgins meint, er sei ein „gewöhnlicher, durchschnittlicher Mann", der keinesfalls Streit will, weshalb er keine Frau hat (Z. 4f: „sein Leben frei von Streit" (Z. 5)). Weiterhin würde eine Frau laut Higgins sein Zuhause, an das er gewöhnt ist und welches er mag, neu gestalten und sie würde immer etwas anderes im Sinn haben, als er (vgl. Z. 9 f.). Außerdem sagt er von sich, er sei sanft, temperiert und gutmütig und würde deshalb nie heiraten, um dann mit ewigem Streit und dauernder Strapazieren seiner Geduld zurechtzukommen (Z. 19 ff.: „patience hasn´t got a chance" (Z. 32)). Weiterhin ist der Professor seiner Meinung nach ein ruhig lebender und nachdenklicher Mann und möchte deshalb nicht durch den großen unmenschlichen Lärm und die Massen von Freunden und Verwandten seiner Frau gestört werden (Z. 43 ff. bzw. 52 ff.).

Weitere Eigenschaften, die nicht im Song erwähnt sind, sind sein Egoismus und seine Bequemlichkeit, da ja nur sein eigenes Wohl und die Ordnung in seinem gemütlichen Heim für ihn zählen. Er ist auch egozentrisch, eigennützig, selbstsüchtig und rücksichtslos, und möchte seine Ungestörtheit nicht durch eine Heirat verändern. Deshalb äußert er am Ende des Songs: „I shall never let a woman in my life!"- „Ich werde niemals eine Frau in meinem Leben lassen!" (Z. 62).

Ein ebenfalls wichtiger Aspekt für den Charakter von Higgins ist seine Arbeit. Als Phonetik Professor kennt er ganz genau die Dialekte eines jeden Londoner Bezirks. Er hält auch den Gossenslang als ein Beispiel für das Verkommen des Englischen. Er arbeitet mit Leib und Seele und hält die Umgangssprache für „kaltblütigen Mord an der englischen Sprache" (vgl. Z. 4 im Song: „Kann den die Kinder keiner lehren?") (Lerner & Loewe, Why Cant The English, 2018). Er tut alles für seine Arbeit und wagt deshalb das Experiment mit Eliza, um daraus den Triumph seines Fleißes, seiner Kompetenz und seines Eifers zu feiern.

3.4. Ursprung des Namens von Eliza

Dann trifft er auf Eliza, die gepflegtes Englisch lernen und in einen höheren gesellschaftlichen Rang dadurch gelangen will. Der Name Eliza ist nicht zufällig für das Blumenmädchen gewählt. „Der Name lehnt sich an den antiken Namen Elissa/Elisa an, mit dem die berühmte karthagische Königin Dido bezeichnet wurde. Nach antiker Tradition gilt Dido/Elissa als Schwester des Königs Pygmalion von Tyros. So könnte dieser Name bei Shaw für die Wahl des Namens Elisa Pate gestanden haben, so dass Higgins und Elisa perfekt dem antiken Vorbildpaar Pygmalion und Elissa/Elisa entsprechen." (vgl. Heinen, 1995, S. 90)

Eine weitere Inspirierung könnte für Shaw Ausonius' Bissula sein (s. Anhang: Liebesgedichte an Bissula). Bissula war eine Alemannin, die im Jahr 368 als junges Mädchen in römische Kriegsgefangenschaft geriet, und in den Besitz Ausonius (ca. 310-394), den römischen Hofdichter und Erzieher des Prinzen Gratian, kam. Bissulas Schönheit berührte ihn so sehr, dass er sie sofort freigelassen hat. Danach lebte sie bei ihm als Pflegetochter (alumna) in Trier. Er entwickelte eine tiefe Liebe zu ihr: darüber bezeugen Gedichte, mehrere Verse, die „Liebesgedichte an Bissula" (s. Kapitel 7). Für Ausonius waren die römische „bona" sehr wichtig, er legte großen Wert auf die Umerziehung der Barbarin zur Römerin. Diese Mutation durchzuführen war nur mit der *lateinischen Sprache* möglich. „Ihre Beherrschung (latiae facundia linque) in den Augen des Ausonius war von mores und artes bonae, nicht zu trennen. In jahrelanger Praxis hatte Ausonius die Fähigkeit zu solcher Pädagogik erworben (mille docendo ingenia expertus)." (Heinen, 1995, S. 84) So sind die sprachliche und sittliche Erziehung untrennbar, als Kulturaufgabe verstand er die lateinische Sprache und römische Kultur zu vermitteln. Als sein Liebling fließend Lateinisch konnte („Von ihrem schönen Rosenmunde vernimmst du fließendes Latein" (Heinen, 1995, S. 95)), war seine Freude unermesslich: Die Metamorphose ist gelungen. Seine Bissula ist zur Römerin geworden.

Diese Freude erlebt Higgins durch seine intensive sprachliche und pädagogische Umerziehung bei Eliza bis sie seine „alter Ego", sein zweites Ich geworden ist.

3.5. Entwicklung von Higgins Verhalten

Während des Sprachunterrichts verhält sich Professor Higgins sehr streng und unerbittlich gegenüber Eliza, weshalb der Unterricht zu einer Tortur für sie wird. Eliza muss ständig den Text „Es grünt so grün" üben, der ihr schwerfällt. Doch dann gelingt ihr der Durchbruch zur gehobenen Sprache, als sie es schafft und das wird begeistert gefeiert. Auch bei Higgins beginnt hier seine Verwandlung, als er laut ausruft: „She got it! Again! I think she has got it!" Hier wirkt er nicht mehr als arrogant und unerbittlich, sondern als euphorisch und enthusiastisch, als er Eliza zutraut, ihr Können beim Pferderennen zu testen. Trotzdem vertraut er ihr noch nicht und schreibt ihr vor, in Ascot nur über Gesundheit und das Wetter zu reden. Dennoch passieren ihr Pannen: Eliza erwähnt im Gespräch mit den feinen Leuten, dass ihre Tante „abgemurkst" wurde und feuert ein Pferd mit dem obszönen Ausruf „ich streu dir Pfeffer in den Arsch!" an. Deswegen muss ihre Erziehung weitergeführt werden, die schließlich erfolgreich wird.

Endlich wird Eliza auf dem Diplomatenball im Buckingham Palace geprüft und sie hat großen Erfolg. Sie brilliert dort und wird als ungarische Prinzessin aufgrund von ihrem feinem Englisch gesehen. Selbst mit den Adligen kommt sie in Kontakt und ihr vornehmes Auftreten beeindruckt jeden. Am Abend nach dem Ball beglückwünschen sich Higgins und Oberst Pickering, und Higgins verwandelt sich vollkommen. Pickering gratuliert ihm in dem Song „You did it" und Higgins ist sehr stolz auf seine Arbeit. Sein Werk gefällt ihm sehr, er ist überglücklich und sieht, dass seine Bemühungen und Ausdauer Früchte getragen haben.

Doch Eliza, die ja für ihren Sieg gerungen hat, fühlt sich missachtet und erniedrigt. Schließlich wurden nur der Professor und der Oberst beglückwünscht. Sie weiß auch nicht, wie ihre Zukunft sich gestalten soll und Higgins nennt sie undankbar und dumm. Darauf verschwindet sie mit Freddy. Higgins ist jedoch noch inmitten seiner Verwandlung, er liebt zwar sein „Kunstwerk" und hängt an ihr, doch seine früheren Ansichten über die Frauen hat er immer noch im Hinterkopf. Dies singt er passend im Song „Kann denn eine Frau nicht sein wie ein Mann?" (Lerner & Loewe, A Hymn To Him, 2018). Beispielsweise wirft der den Frauen vor, „irrational, kindisch und beschränkt zu sein (Z. 6 bzw. 23 ff.). Die Männer hingegen seien „ehrlich, edel und historisch fair" (Z. 18 ff.). Er scheint also noch ein wenig Abstand von den Frauen zu halten. Dennoch, dass er sich überhaupt mit diesem Thema auseinandersetzt, zeigt, dass er überhaupt Interesse an Frauen hat. Er fragt sich, wie auch der Song zeigt, warum die Frauen vom Charakter her nicht den Männern gleich sein könnten und er dann eine Frau vielleicht besser akzeptieren könnte.

3.6. Higgins Metamorphose: Werk verändert Schöpfer

Doch als Eliza sein Haus verlässt, merkt der Professor, dass er ohne sie nicht bestehen kann und er sein „Werk" immer bei sich haben möchte. Das wird offensichtlich in seinem Song „Ich hab mich an ihr Gesicht gewöhnt" (Lerner & Loewe, I've Grown Accustomed To Her Face, 2018). Eliza scheint jetzt ein Teil von ihm geworden zu sein, wie er in Z. 6 f. sagt: „Ihr Lächeln, ihr Seufzen […] sind jetzt meine zweite Natur." Er hat sich so an sie gewöhnt, dass er sein gelungenes „Werk" nicht entbehren kann. Er fühlte sich „ernsthaft unabhängig und zufrieden", (vgl. Z. 10) bevor sie sich kennenlernten, doch jetzt kann Higgins sie nicht „wie eine Gewohnheit […] ablegen" (vgl. Z. 19). Eliza, die er zuerst so herablassend und unerbittlich behandelt hat, hat er jetzt endgültig anerkannt und vertraut ihr, da sie die Diplomatenball-Prüfung bestanden hat. Er ist ihr gegenüber nun nicht mehr so grob und gefühlskalt, denn sie fehlt ihm.

Hier fand die finale Metamorphose des Künstlers statt: seine ausgezeichnete, makellose, vollkommene, perfekte Arbeit hat ihn ganz mutiert. Er ist so unendlich stolz und froh über das, was er erreicht hat, dass es ihn positiv verändert hat. Sein ganz außergewöhnliches Werk, das er geschaffen hat, wurde eins mit ihm und so konnte er selbst seine alten Gewohnheiten ablegen. Durch die leichte, künstlerische Bearbeitung des Werks durch seinen Urheber kann sich dieser mit seiner Arbeit identifizieren. Dadurch wird sein „Werk" ewig wunderschön und herrlich. Auch Higgins wurde, da er sich mit seiner ausgezeichneten Arbeit an Eliza identifizieren konnte, mutiert.

3.7. Musikalische Färbung von „My Fair Lady"

My Fair Lady ist eine der Musical-Filme, der weniger „revue-haft" scheint und mehr Wert auf die Handlung legt (vgl. Wikipedia, Musical, 2018). Mit dieser Konzeptaufstellung passt das Musical am besten zu dem ernsthaften Thema „Metamorphose". Musikalisch gesehen ist der Film ein sehr gut gelungenes Musical, in dem (fast) jeder Song, durch die erinnerungswürdigen Melodien zum Hit geworden ist. Der Zusammenklang von Melodien und Songtexte steht, dank der exzellenten Zusammenarbeit von Frederick Loewe (Musik) und Alan Jay Lerner (Text), in perfekter Harmonie, wie ich es unten für Beispiele beschreibe.

Die Urbesetzung wurde mit Julie Andrews und Rex Harrison in Szene gesetzt. Für die Verfilmung wurde die schauspielerische Rolle von Julie Andrews durch Audrey Hepburn ersetzt. Die Songs wurden im Film von Marni Nixon gesungen (Wikipedia, My Fair Lady (Film), 2018). Allgemein betrachtet ist das Musical eigen, witzig, gescheit und romantisch auf die Spitze getrieben.

3.8. Handlung betont durch die Musik

Das Öffnungslied ist ein Couplet[2], ein eindeutig satirisches Lied, gesungen von Professor Henry Higgins, Eliza Doolittle (jedoch gesungen von Marni Nixon, s.o.) und Oberst Pickering. Das Lied stellt das Thema des Werkes lyrisch und musikalisch dar: "Why can't the English?" (YouTube, Why Can't The English?, 2013). Diese Fragestellung wird durch den Refrain betont.

In Großbritannien wurde und ist immer noch die Klassenzugehörigkeit durch die Aussprache eindeutig identifiziert und der Sprecher wurde entsprechend beurteilt. Eliza Doolittle ist ein Cockney[3]-sprechendes Mädchen aus der Unterschicht, das keinen eleganten Dialekt spricht. Dies hat sie am gesellschaftlichen Aufstieg gehindert. Shaw hat die lebensfremde These im Werk aufgestellt, dass durch Sprecherziehung eine einfache Blumenverkäuferin in eine feine Dame

---

[2] Mehrstrophiges, witziges, zweideutiges, satirisches Lied (Liebeslyrik, 2013)
[3] Cockney ist die Bezeichnung für einen englischen Regiolekt in London, der zum Teil mit spezifischen Reimformen arbeitet. (Wikipedia, Cockney, 2017)

umgewandelt werden könnte. Diese Umwandlung, die Metamorphose, ist der Leitfaden des Werkes, dargestellt durch sowohl den Text als auch die Musik (s. unten die Wechsel der Tonarten).

Die Tonarten im Lied "Why can't the English?" wechseln sich von F-Dur zu D-Dur und wieder zu F-Dur (YouTube, Why Can't The English?, 2013) (Milton, 2011). Die Wechsel der Tonarten geschehen häufig, ohne überleitende Akkorde, was dem ganzen Stück eine Farbigkeit verleiht und die zahlreichen unterschiedlichen Dialekte der englischen Sprache zum Ausdruck bringt.

Als Pickering darauf hinweist, dass Higgins eine bestimmte Verantwortlichkeit gegenüber Eliza hat, antwortet er mit dem Lied „Ich bin ein gewöhnlicher Mann" (Lerner & Loewe, I'm an Ordinary Man, 2018) (YouTube, I'm an Ordinary Man, 2012). Im Lied kommt noch ein eindeutig egoistischer und arroganter Mann, ein Junggeselle zum Ausdruck, der das Leben mit einer Frau strikt ablehnt. Er mag „so leben, wie er will, und „genau das machen, was er will". Er hält sich für einen „durchschnittlichen Mann", „einen geduldigen Mann", der „wer liebt es, sein Leben frei von Streit zu leben". Aber, **„Let a woman in your life"**, sagt er zu Pickering (Lerner & Loewe, I'm an Ordinary Man, 2018), „sie wird dein Zuhause neu gestalten", „sie will nur von Liebe reden", „du lädst ewigen Streit ein". Noch grober kommt seine Abneigung zu Frauen, als er das Zusammenleben mit einer Frau mit der spanischen Inquisition vergleicht, zum Ausdruck: „Ich bevorzuge eine neue Ausgabe der Spanischen Inquisition, als jemals eine Frau in meinem Leben zu lassen". Die Diskussion mit Pickering schließt er mit dem Satz „Ich werde niemals eine Frau in meinem Leben lassen" (Lerner & Loewe, I'm an Ordinary Man, 2018).

Die Lyrik und Musik in „I'm an ordinary man" stehen im klaren Einklang. Wenn es um die Charakterisierung von Higgins selbst geht, ist die Musik schön leise, fein und melodisch, aber wenn er die Frau charakterisiert, wird sie laut und aggressiv. So unterstützt die Musik die Meinung und Aussage von Higgins eindeutig. Die Diskussion mit Pickering und so die Äußerung von Higgins über die Idee „Let a woman in your life" wird durch einen verrückten unmenschlichen Lärm (durch das gleichzeitige Einschalten von mehreren Tongeräten (YouTube, I'm an Ordinary Man, 2012)) abgeschlossen, der die unerträgliche Situation mit einer Frau symbolisiert.

Eine verheimlichte, langsame Änderung des persönlichen Charakters von Higgins kann man in der Lyrik von "A Hymn to Him" beobachten (YouTube, A Hymn To Him, 2012) (Kann eine Frau nicht sein wie ein Mann, gesungen von Professor Henry Higgins und Oberst Pickering). Es ist tatsächlich eine Hymne für „ihn", für den starken, selbstbewussten Mann (vgl. High-baritonne, 2007). Auf der Oberfläche des lyrischen Gedichts kommt das Gefühl zum Ausdruck, dass nach der Meinung von Higgins, ein Mann über einer Frau steht, da „Frauen sind irrational", „dort sind die Köpfe voller Baumwolle, Heu..." (vgl. Lerner & Loewe, A Hymn To Him, 2018) (eine grobe Beleidigung). Aber, sein Gedanke scheint schon insgeheim über Eliza zu kreisen, wenn er Pickering fragt: „Warum kann eine Frau nicht wie ein Mann sein?" Zum Schluss fragt er sich nochmals: „Warum kann eine Frau nicht wie *ich* sein?". Es scheint nämlich so, dass wenn sie zu ihm ähnlich wäre, er sie schon hätte akzeptieren können – dies hat er jedoch nicht gesagt. Das lyrische Gedicht insgesamt beschreibt einen ungewöhnlichen, egoistischen und arroganten Mann, der nicht bereit ist zuzugeben, dass er heimlich schon an seine Schülerin denkt.

Die Musik im "A Hymn to Him" ist mehr eine Begleitmusik (YouTube, A Hymn To Him, 2012), als eine musikalische, harmonische Melodie. Sie ist Higgins´ typischer Sprechgesang. Wechselhafte Toneffekte und plötzliche Tonstärkeänderungen charakterisieren und betonen die emotionellen, egoistischen und ablehnenden Aussagen von Higgins. Die Stimmlage der Musik ist wesentlich sanfter, als im Lied „I'm an ordinary man" und erinnert an vielen Stellen an die Wiener Ball-Musik von Mozart.

Der Höhepunkt und gleichzeitig die Lösung des im Werk dargestellten Konflikts wird im Lied „I've grown accustomed to her face" (gesungen von Henry Higgins) erreicht (YouTube, I've Grown Accustomed To Her Face, 2013). Wenn Higgins akzeptierte, dass Eliza nach Hause gehen möchte, hat er seine Situation überlegt. Er hat sein gemischtes Gefühl analysiert und an der Straßenecke hat er angefangen zu singen: "Ich habe mich an ihr Gesicht gewöhnt". Er realisiert, dass Elizas „Lächeln, ihre Stirnrunzeln, ihre Höhen und Tiefen, … sind mir jetzt zweite Natur wie ausatmen und einatmen" (Lerner & Mudrack, Ich hab mich an ihr Gesicht gewöhnt, 2017). Er kann jetzt nicht mehr ohne sie klarkommen, sie fehlt ihm. Er gibt schließlich zu, dass „Ich bin so dankbar, dass sie eine Frau ist". Mit der Aussage von Higgins: „…ich dich liebe, Baby, bitte nimm meine Hand, … Kann nicht leben, wenn das Leben ohne dich ist" ist die Metamorphose geschehen.

Er hat es sich so vorgestellt, dass Eliza bereue, dass sie ihn verlassen habe und zu ihm zurückkehren würde. Aber, wenn sie zu ihm zurückkehrt, kehrt sie als Frau zurück, die einen Mann liebt, nicht als seine Schülerin, und dafür ist er ein Mann, der sie liebt. Beide Aspekte gehören zur Metamorphose von Eliza und Higgins. Obwohl die seelische Metamorphose von Higgins eingetreten ist, kann es der gewöhnlich stolze Mann nicht kundgeben und sagt nur so viel: „Wo sind meine Pantoffeln?"

Das Lied "I've Grown Accustomed to Her Face" (YouTube, I've Grown Accustomed To Her Face, 2013) ist ein sentimentalisches Musikstück passend zu dem veränderten Higgins. Die feine Melodie reflektiert den seelischen Zustand von ihm. Die Musik passt zu der perfekten Abschließung eines Musicals mit einem Happy End.

4. Vergleich der Charakterisierungen von Pygmalion und Prof. Higgins

Wenn man die Darstellung der männlichen Hauptfigur in den beiden literarischen Werken vergleicht, erkennt man klare Ähnlichkeiten. In beiden Fällen werden zurückgezogene, tüchtige, perfekte Künstler, die ihre vollkommene Schöpfung verwandelt, dargestellt. Die Künstler verlieben sich so sehr in ihr Werk, dass sie es nicht mehr entbehren können und verändern sich dadurch zu Männern, die nicht mehr ohne eine Frau leben können. Beide werden bei Ovid und im Musical als fleißige, ihrer Arbeit leidenschaftlich zugewandte Schöpfer dargestellt. Wenn man die beiden Künstler in ihrer Schilderung in den Metamorphosen und dem Musical vergleicht, kann man jedoch auch sehen, dass Higgins sein „Kunstwerk" nicht von Anfang an liebt und sich danach sehnt, es lebendig werden zu lassen wie Pygmalion, denn es ist erst ein Objekt seiner Wette. Außerdem ist Professor Higgins ehelos, weil er egoistisch und verwöhnt ist. Der Schöpfer der Elfenbeinjungfrau sehnt sich jedoch vor, während und nach seiner Mutation nach einer Gattin und will sein Leben mit einer Frau nach seinen Vorstellungen teilen. Darüber hinaus haben die Künstler ihre „Werke" jeweils mit anderen Kriterien geschaffen: Pygmalion durch seelische Sauberkeit, künstlerische Begabung mit göttlicher Mitwirkung - Higgins durch Fleiß, besessene Hingabe und Berufung. Insgesamt kann man sagen, dass in beiden Fällen die Erschaffung des Werks den Künstler als Folge seiner Verwandlung und der Metamorphose seiner Schöpfung humaner, menschlicher gemacht hat. Die Grobheit und der Egoismus des Higgins und die Zurückgezogenheit und Abgewandtheit des Pygmalion von Frauen wird durch das Erschaffen ihres „opus" mehr und mehr in den Hintergrund gerückt, bis es schließlich verschwindet.

5. Schlussfolgerung: Die vollbrachte Metamorphose

Pygmalion und Higgins haben sich ihre Wunschfrauen geschaffen. Ihre geträumten Wünsche wurden so perfekt, so vollkommen, dass sie sich selbst verwandelten. So prägt das Kunstwerk den Künstler selber. Die verwirklichten Frauen sind ihre zweiten Egos, ihre Selbstbildnisse geworden, ihre zweite Natur. Man kann die Verwirklichung ihres künstlerischen Traums bei ihnen Schritt für Schritt verfolgen.

Bei Pygmalion kann man sehen, wie der anfängliche, heimliche, langsam aufwachende, stille Wunsch, dass das vollkommene Geschöpf leben könnte, zur immer größeren Leidenschaft wird. Der sich zu Beginn auf die Arbeit konzentrierende Künstler wird so aufgewühlt von den Gedanken, dass die von ihm geschaffene Frauenstatue leben könnte, dass er Venus anfleht, sie lebendig zu machen. Er hat alles Mögliche getan, nur das Wunder, die Statue zu beleben, konnte er nicht vollbringen. Es fehlt schließlich nur ein göttlicher Funke. Dann, als das Wunder geschehen ist, kann man seine erschütternde Glückseligkeit verfolgen: wie er sich mit seinem Geschöpf vereinigt. Die Macht der Liebe und die Kunst triumphiert - mit göttlicher Hilfe.

Der eingefleischte Junggeselle Higgins hat eine arrogante, gefühllose Einstellung zu Eliza, die anfängt sich zu wandeln, als Eliza ihre Aufgabe vollständig erfüllt hat: Sie spricht vorschriftsmäßig nach der Lehre des Professors und benimmt sich wie eine gesellschaftsfähige Dame. Dann ist er schon sicher: ohne sie kann er nicht leben.

Pygmalions und Higgins gemeinsame Charakterveränderung ist beeindruckend, wie sie das Wunder vollbracht haben: Pygmalion durch seelische Sauberkeit, künstlerische Begabung mit göttlicher Mitwirkung; Higgins durch Fleiß, besessene Hingabe und Berufung. Vom leblosen Elfenbein wird es zum fühlenden Geschöpf - von der Barbarin zur gesellschaftsfähigen Dame und mit ihnen verwandeln die Künstler sich auch. Von einem verschlossenen Menschen mit einem Herz aus Stein wird Pygmalion zum schwärmerischen Liebhaber und Higgins ist von einem gefühllosen Fachmann zum feinfühligen Mensch geworden. So hat es die Leben der beiden Schöpfer grundlegend verändert, als sie ihre Frauen in ihrem Leben gelassen haben. Sie sind nicht mehr „sine coniuge caelebs", ihre Träume sind wahr geworden. In ihrer Schöpfung haben sie ihr Glück gefunden. Wenn dabei auch Morpheus, der griechische Gott des Traums mitgewirkt hat, dann sind ihre Geschichten noch schöner, noch mitreißender, noch erhabener geworden: dann klatschen auch die Götter auf dem Olymp.

6. Primärliteratur

Ovidius, P. N. (2010). In *Metamorphosen*. Stuttgart: Michael von Albrecht, Philipp Reclam jun. GmbH & Co. KG.

7. Texte

Lerner, A. J., & Loewe, F. (2018). *A Hymn To Him*. Abgerufen am 19. 02. 2018 von http://www.lyricsondemand.com/soundtracks/m/myfairladylyrics/ahymntohimlyrics.html

Lerner, A. J., & Loewe, F. (2018). *I'm an Ordinary Man*. Abgerufen am 19. 02. 2018 von http://www.lyricsondemand.com/soundtracks/m/myfairladylyrics/imanordinarymanlyrics.html

Lerner, A. J., & Loewe, F. (2018). *I've Grown Accustomed To Her Face*. Abgerufen am 19. 02. 2018 von http://www.lyricsondemand.com/soundtracks/m/myfairladylyrics/ivegrownaccustomedtoherface1 yrics.html

Lerner, A. J., & Loewe, F. (2018). *Why Cant The English*. Abgerufen am 19. 02. 2018 von http://www.lyricsondemand.com/soundtracks/m/myfairladylyrics/whycanttheenglishlyrics.html

Lerner, A. J., & Mudrack, W. (2017). *Ich hab mich an ihr Gesicht gewöhnt*. Abgerufen am 28. 12. 2017 von https://www.lyrix.at/t/alan-jay-lerner-i-ve-grown-accustomed-to-her-face-vollstandig-ddb

8. Filmsequenzen

Cukor, G. *(Regisseur). (1964)*. *My Fair Lady [Kinofilm-DVD]*.

YouTube. (11. 07. 2012). *A Hymn To Him*. Abgerufen am 28. 12. 2017 von https://www.youtube.com/watch?v=APPfTEv-YxI

YouTube. (07. 07. 2012). *I'm an Ordinary Man*. Abgerufen am 18. 02. 2018 von https://www.youtube.com/watch?v=iQGH9zereFc

YouTube. (19. 01. 2013). *I've Grown Accustomed To Her Face*. Abgerufen am 19. 02. 2018 von https://www.youtube.com/watch?v=d73PQOkFTFc

YouTube. (19. 01. 2013). *Why Can't The English?* Abgerufen am 16. 01. 2018 von https://www.youtube.com/watch?v=t8zhp699FXg

9. Sekundärliteratur

Aberger, A. (2018). *Morpheus – der Griechische Gott der Träume*. Abgerufen am 05. 01. 2018 von https://dietraumdeuter.de/esoterik/morpheus-der-griechische-gott-der-traume/

Fächerprojekte. (2017). *Orpheus und Eurydike*. Abgerufen am 14. 01. 2018 von http://muenster.org/abendgymnasium//faecherprojekte/projekte/Ovid/orpheus.htm

Fuchs, W. (1987). *Zu Neufunden klassisch-griechischer Skulptur*. Abgerufen am 16. 01. 2018 von https://link.springer.com/chapter/10.1007/978-3-322-86460-4_1

Heinen, H. (1995). Die Bissula des Ausonius. In M. Weinmann-Walser (Hrsg.), *Historische Interpretationen*. Stuttgart: Franz Steiner Verlag. Von https://books.google.de/books?id=OdqmAdLJ4UIC&pg=PA89&lpg=PA89&dq=pygmalion#v=o nepage&q=pygmalion&f=false abgerufen

High-baritonne. (22. 07. 2007). *Forums*. Abgerufen am 19. 02. 2018 von http://musicals.net/forums/viewtopic.php?t=79207

Irmscher, J. (2013). In J. Irmscher (Hrsg.), *Lexikon der Antike* (S. 372). Köln: Anaconda Verlag GmbH.

Liebeslyrik. (2013). *Europäische Liebeslyrik*. Abgerufen am 18. 01. 2018 von http://www.deutsche-liebeslyrik.de/europaische_liebeslyrik/ausonius_bissula.htm

Milton, A. (20. 12. 2011). *Forum.* Abgerufen am 18. 02. 2018 von https://www.musiker-board.de/threads/hilfeleistung-my-fair-lady-why-cant-the-english.461091/
Ovidius, P. N. (2010). In *Metamorphosen.* Stuttgart: Michael von Albrecht, Philipp Reclam jun. GmbH & Co. KG.
Piersig, C.-C. (2009). *Beitrag zur Entstehung und Entwicklung des Musicals.* Abgerufen am 30. 12. 2017 von https://www.grin.com/document/131395
Tanz_und_Theater. (2017). *Musical.* Abgerufen am 26. 11. 2017 von http://www.tanzundtheaterwerkstatt-ffm.de/tanzstile/musical.html
Wikia. (2013). *Griechische Mythologie.* Abgerufen am 18. 11. 2017 von http://griechische-mythologie.wikia.com/wiki/Morpheus
Wikipedia. (29. 09. 2017). *Cockney.* Abgerufen am 18. 02. 2018 von https://de.wikipedia.org/wiki/Cockney
Wikipedia. (28. 12. 2017). *My Fair Lady.* Abgerufen am 17. 01. 2018 von https://de.wikipedia.org/wiki/My_Fair_Lady
Wikipedia. (10. 12. 2017). *Votivgabe.* Abgerufen am 14. 01. 2018 von https://de.wikipedia.org/wiki/Votivgabe
Wikipedia. (16. 02. 2018). *Musical.* Abgerufen am 18. 02. 2018 von https://de.wikipedia.org/wiki/Musical
Wikipedia. (06. 02. 2018). *My Fair Lady (Film).* Abgerufen am 10. 02. 2018 von https://de.wikipedia.org/wiki/My_Fair_Lady_(Film)
Wikipedia. (12. 02. 2018). *Ovid.* Abgerufen am 15. 02. 2018 von https://de.wikipedia.org/wiki/Ovid

10. Quellen der Abbildungen

[1] Pygmalion (18.04.2011) (Deckblatt): Château de Versailles, salon des nobles, Pygmalion priant Vénus d'animer sa statue, Jean-Baptiste Regnault.jpg. Abgerufen am 18.11.2017 von https://commons.wikimedia.org/wiki/File:Ch%C3%A2teau_de_Versailles,_salon_des_nobles,_Pyg malion_priant_V%C3%A9nus_d%27animer_sa_statue,_Jean-Baptiste_Regnault.jpg

[2] My Fair Lady (18.01.2018) (Deckblatt): Abgerufen am 30.01.2018 von https://www.rottentomatoes.com/m/my_fair_lady/#&gid=1&pid=n-585561

[3] Morpheus (25.10.2000) Abgerufen am 30.01.2018 von http://www.freud-biographik.de/traumb10.htm

[4] Münchner Kouros (23.07.2009) Abgerufen am 20.02.2018 von http://www.aeria.phil.uni-erlangen.de/photo_html/plastik/archaik/kouroi/kouroi_att_aeg/muenchen3.jpg

[5] Peplos Kore (17.12.2013) Abgerufen am 20.02.2018 von https://17green.wordpress.com/2013/12/17/peplos-kore/

[6] Kritios-Knabe (15.08.2016) Abgerufen am 20.02.2018 von https://photopedia.info/?page=Antike&article=7|athen-unendliche-geschichte-das-neue-akropolismuseum-von-athen

11. Anhang

Ausonius (310-395 n. Chr.)
römischer Dichter

Liebesgedichte an Bissula (Liebeslyrik, 2013)

1.
Bissula, jenseits des Rheins, des kalten, bist du entsprossen
Und an der Quelle zu Haus, welcher die Donau entspringt.
Die dich gefangen, die Hand, befreite dich, daß du im Herzen
Dessen herrschest und Sinn, der dich erbeutet im Krieg. -

Fern von der liebenden Sorge der Mutter, hast du der Herrin
Willen doch nimmer gespürt, nimmer die Härte des Herrn.
Fühltest dein Los noch nicht und die Schmach der Besiegung des Stammes;
Eh' du die Knechtschaft erfuhrst, wurdest Gebieterin du. -

Hat auch römische Art dich berührt, deutsch bliebst du von Ansehn:
Blau ist dein Auge, es wallt golden vom Haupte das Haar.
Sprache und schöne Gestalt, sie schmücken dich doppelt; es preist dich
Diese als rheinisches Kind, jene als Römerin mir.

2.
Liebliches Kind, Schmeichlerin du, Zeitvertreib, du all mein Glück!
Mädchen von Rom, stehen vor dir - einer Barbarin - zurück. -
"Bissula!" Welch bäurisches Wort für das so zierliche Kind,
Garstig und fremd; doch für Auson klingt es so lieblich und lind!

3.
Bissula! Dich trifft nimmer mit Wachs und Farben der Künstler;
Bleibt doch dem Bilde versagt der Reiz der natürlichen Anmut.
Andere Mädchen zu malen mag Bleiweiß frommen und Mennig;
Deine Farben trotzen der Kunst! Drum rat' ich dir, Maler:
Lilien mische mit Rosen von purpurner Farbe! So duftig,
Wie von beiden erglüht der Reflex, so male das Antlitz!

4.
Maler, willst du mir malen mein Herzblatt, mach's wie die Bienen
Attikas, suche geschickt duftige Farben dir aus!

Übersetzt von M. W. Besser (1908)
Aus: Das Mosellied Ausons
Deutsch von M. W. Besser
Marburg N. G. Elwert'sche Universitätsbuchhandlung 1908, (S. 47-48)